El asombroso, estupendo, extraordinario y algo inusual

LIBRO GIRATORIO

No necesita pilas

Jimmy Huston

ISBN 978-1-965153-31-4

Cosworth Publishing
21545 Yucatan Avenue
Woodland Hills, CA 91364
www.cosworthpublishing.com

Dedicado a la lectura peligrosa.

Índice de contenidos

PARTE I

Capítulo Uno

¿Nada?

¿Eh...?

¿Y ahora?

Intenta hacer un sonido con la boca.

Tal vez un ruido de motor chisporroteando o un trompo zumbando...

¿Todavía nada?

Sigue probando.
Tal vez un ruido diferente.

¡Ajá! ¡Eso funciona!

Sigue intentándolo. ¡Puedes hacerlo!

¿Qué ha pasado?

¿Dejaste de hacer ruido?
Inténtalo de nuevo.

¡Eso es! ¡Sigue así!

Le estás cogiendo el truco.

Pero no puedes estar enderezando el libro.

Tienes que seguir. Inténtalo otra vez.

No. ¿Estás haciendo ruido?

Más alto. ¡A por ello!

¡Sí! ¡Eso funciona!

¡Eso es! ¡Adelante!

Cuando pases la página,

alimenta el libro a través de tus dedos.

Sí, lo estás haciendo. ¡No pares!

Lo has hecho antes, ¿verdad?

Ahora acelera. Lee más rápido.

Después de todo... la gente está mirando.

¿Es tan rápido como puedes leer?

¿De verdad?

Y deja de mover los labios.

Cuando seas realmente bueno --

-- podrás hacer esto con tus libros de texto.

Pero aún no eres tan bueno.

Vale... ¡PARA! Pero no te relajes.

Ahora vamos en la otra dirección.

Uy. Sabes lo que esto significa.

No estás haciendo tus ruidos. ¡Vamos!

Así. ¡Así se hace!

Yikes. Este camino es más difícil.

No te hagas daño. ¡¡¡Weeeeeeeeeee!!!

¿Estás seguro de que no puedes leer más rápido?

Entonces sáltate las palabras y pasa la página.

Al final, habrá una prueba.

Y recuerda. Hagas lo que hagas --

-- NO pienses en marearte.

Puede ser muy divertido enseñar este libro a los mayores.

Uf. Tómate un descanso.
Recupera el aliento.

PARTE II

Capítulo dos

El final

Sobre el autor

Está demasiado mareado para terminar...

Otros libros por Jimmy Huston

El libro detesto leer

...y odio las matemáticas 2:
¿Quién las necesita?

El manual del disléxico:
Edición genius

El libro de cocina sobre el trastorno de déficit de atención e hiperactividad:
Edición rompecabezas

Autismo para principiantes:
Surfeando el espectro

El libro divertido sobre el TOC:
¿de verdad?

¡GROSERÍAS para NIÑOS!:
Etiqueta para los profanos

La primera disculpa es la peor:
Acabemos de una vez

El asombroso, estupendo, extraordinario y also inusual LIBRO GIRATORIO:
No necesita pilas

¿Es tu primer funeral?:
Un manual para niños

¿Por qué mi mamá no puede pasar más tiempo conmigo?

Soy autismo Soy autismo Soy autismo

El primer manual del bebé
Cómo ser el centro del universo

Locos, nerds y sabios:
Neurodiversidad y creatividad

Cómo escribir este libro:
Y tú serás el autor

La prueba de la serpiente:
¿Verdadero? ¿Falso? Tal vez.

¡Ese extraño angelito!

www.byjimmyhuston.com
www.cosworthpublishing.com

www.ingramcontent.com/pod-product-compliance
Lightning Source LLC
Chambersburg PA
CBHW041602260326
41914CB00011B/1359
9781965153635